JN408783

효산 청정 여적 향기

효산 청정 여적 향기

양원식 제29 시조집

해 암

자서

제29집 효산 청정 여적 향기

망구십을 바라보는 나이로 제29집 및 제30집 서문을 서두른다.

흔하지 않는 시업으로 자랑도 할만하나 이렇다할 만큼의 작품이 없어 부끄럽다. 1978년 부산시조문학 볍씨 동인으로 출발 81년 시조문학지 가을호, 82년 월간문학 8월호 시조부문 당선으로 시조문단 일원으로 활동해서 오늘에 이른다. 1965년 3월 부산영도소재 해동고등학교에 국어 교사로 출발 1학년, 입학시부터 졸업시까지 담임으로 인연이 깊은 28회다. 66년 1학년, 67년 2학년, 68년 3학년 3년 동안 담임으로 소임한 바 있다. 28회 졸업생 28명의 이름으로 99년 8월 퇴임식날 『늘 고향으로 흐르는 강』 시조 시선집을 발간 봉정식을 가졌다. 일생 자랑으로 삼는다.

제30집이 출판되기까지 많은 졸업생들의 후원으로 이루어졌다. 28, 29, 33, 34회 졸업생들과는 졸업 후 지금까지 동기회 및 반창회 모임을 통해서 5월 스승의 날 전후 만나 회포를 푼다. 참으로 드문 일이다.

제29집 『효산 청정 여적 향기』 제30집 『만파루

처마에 머문 달빛』 졸저에 야옹 강민수 선생님의 서평, 그리고 졸업생 면면을 받들어 작호한 내용도 별장으로 실었다.

살아온 내력을 서로 묻기도 하고 즐겨 부르기를 권장하면서 이 서문을 쓴다.

발간비 전액을 후원한 사장님 두 분이 계신다.

33회 滿堂조용현 사장님의 대표적인 사업체로 영진 선박급유 대표이사(현), 96년 현재 (주)필코마린 대표이사, 08년~현재 ㈜엔터프라이즈 대표이사 외 늘푸른 장학회 이사장을 역임한 바 있다.

34회 沓谷김대동 사장님의 대표적 경영체로 (주)디쓰리모터스 대표이사(03~현재), 사회봉사활동으로 부산대학병원 자문위원(15~현재), 부산수영문화원 부위원장(09~22), 수영세무서 세정자문위원회 위원장(09~21), 수영세무서 명예서장 취임(09~23. 3) 등등 사회공익을 위한 인생 경영 업적을 누린 오늘이다.

끝으로 야옹 강민수 선생님의 서평에 감사를 드리고 해암출판사 박철수 사장님과 하병우 실장, 왕여숙 실장님께 감사를 거듭 드린다. 관계자 여러분들의 건강과 가내 행복을 두루빈다.

증산 산방 남창하
효산 양원식 근지
2024년 1월

| 차례 |

| 차례 |

| 차례 |

효산 청정 여적 향기

양원식 제29 시조집

종각 명銘

종각발 운판 목어
마천루 월인 만족萬足
가부좌 선방 죽비
만창 밖 상생 허공
벽오동
만삭인 시월
바람길을 닦는 음반

시월에

풀벌레 은하같이
별총총 하늘바람
꽃처럼 착한 걸음
벽오동 시월음반
쇠고삐
놓고 난 친구
자리 나눈 가을달

영축산하음吟

마천루 목어살이
간 쓸개 부레마저
바리때 탁발 수행
석문중 천품일로
불이문
영축대수로
눈을 씻는 바다 구름

월령교*에 앉아

흐르는 반석 염불
무세월 오체 투지
늙은 달 처마풍경
개울돌 반야경경
월령교
수다 눈썹별
귀를 죄는 천년 법석

*월령교 : 통도사 박물관 앞 다리명

마천루 풍경 천족千足

마천루 풍경 천족
죽어서도 나눌 눈썹
은하사 월인 바다
바람길 구름 걸음
조석상
수저 빈 자리
무세월로 닮은 우네

마천루 중추절

마천루 중추 대궐
풀벌레 세운 언덕
불씨를 나눌 바람
벽오동 죄는 활줄
부싯돌
삼단 빈 쌈지
수다 다수 귀뚜라미

불이 청산不易 青山

창문을 열고 닫기
화엄을 치는 청산
추억을 매는 햇살
달과 별 눈썹 바람
생명을
나누는 자비
가만가만 물소리

비둘기 죽음

객사한 비둘기를
묻어 줄 흙이 없다
시멘트 아스팔트
밟아나는 시중 걸음
손으로
집어서 버린
하늘 벗은 쓰레기통

우포에서1

삿대로 짚는 목선
손으로 젓는 방티
없는 게 있는 텃밭
싱싱한 조석 식단
크기로
나라 제일늪
자연 유산 세계 늪지

빗소리 바람소리
무수무량 음계 음반
물안개 산섶 구름
한자리 차지 걸음
물과 뭍
둥지 밖 울음
유네스코 람사르

우포에서2

이슬비 소나기가
풀잎을 흔드는 날
참방게 송사리떼
은하밖 모이같은
자연파
수수만 음계
가시연대 누린 나루

음반을 치는 바람
풀대 우산 연잎 연대
짐이 될 안개 마저
털어서 비운 청정
성화를
죄는 풀벌레
추정 풀꽃 우포청사

우리네 인정

안마당 샛마당을
늘 열어 나눈 골목
나들이 조석 땀땀
초집밖 어울 걸음
윗 마을
아랫마 친구
그늘이 된 우리 인정

나무

하늘을 받들 기둥
눈껍질 벗은 자리
둥지를 품은 뿌리
앞으로 꽃길 걸음
중생사
미래 품앗이
손발풀어 화장경경

감은사지음吟

1
한바다 토함 함월
건곤음양 동서대로
신단수 홍익 그늘
서라벌 대비 청산
대왕암
청해진 수루
호국 일주 감은사

2
반야장 천년 혼발
백파 밖 개천 일품
천작 금은 푸른 은하
바람이 빚은 푼수
궐처마
월인 만파루
충효 불이 바다꽃

3
금당지 좌우석탑
천지인 삼합 삼륜三倫
충무혼 다진 초석
화랑도 전범 정신
동해망望
월성수루에
활줄을 쥔 신라달

4
기단돌 보은 단심
국보인 삼층탑신
대웅전 신축상단
황촛불 지필 향로
석굴암
관음 대보살
종각 도반 닭이 운다

술래 이제二題

지리산 쌍계 동천
섬진강 영마루달
비천녀 장옷같은
바람길 동참 구름
높낮이
흐르는 차창
산섶물섶 내가 술래

하늘강 은모래벌
활줄을 매는 초승
산굽이 구름 자랍
나그네로 길을 서는
술시발
부산행 막차
데불고 나는 내가 술래

코로나19

마스크 거리두기
비대면 꼬박 이년
이웃도 한담 조석
무너진 오늘살이
아직 먼
한자리 서로
마스크를 찢는 날

무애 춤사위

대웅전 좌우석탑
탑돌이 춤을 춘다
하늘 소매 훨훨 터는
춤사위 청산 마음
시방이
극락인 바다
별이 새는 무애춤

오대산 중대 보궁

오대산 중대 보궁
노지에 일주법등
은하수 모래언덕
흔들어 쓰는 노송
사리밖
발본 발바닥
명각 거장 절품 한 채

마천루 문수도량
천안통 천수 천족
활줄을 죄는 눈썹
길을 맬 월인백파
청산숲
나들이 구름
화엄도반 유수경경

탑으로 앉은 달

마천루 흐를 물에
초석을 놓은 불탑
무유명 공공 색색
허공에 밝힌 법등
무풍로舞風路
도반 솔바람
달이 귀를 죄는 다리橋

가도 그 자리

씨 묻을 밭을 갈 듯
자리를 메는 조석
추억을 찾아 웃을
피고질 석양 꽃밭
해와 달
오고 갈 걸음
그리움을 쌓는 가슴

조석살이

꿰매고 꿰매야할
두고 갈 조석일과
피고 진 눈썹 밖에
그리움을 쌓는 자리
씨묻을
밭을 갈듯이
밤을 새는 달 한 채

별

오대산 종각 도반
발자국 마하바람
정날을 벼린 석수
족상을 빚은 보궁
한자리
청송 법방석
먹구름을 젓는 수행

중대 보궁에서

오대산 불보사리
일상을 차린 법상
비니루 덧창 사월四月
등을 서로 기댄 칼잠
청솔비
흔드는 수행
구름밖에 달과 별

활줄을 매는 초승
금은모래 빛는 허공
해와 달 삼승일화
석문중 공방 도량
나무불
한자리 자성自性
불이 마친 일주 초석

낙엽

하늘이 보입니다
고아로 환부조석
석양을 지고 앉아
불씨를 빚는 나목裸木
오고 갈
늘상 한자리
눈썹을 적순 창밖에 별

지껴릴 줄啐 쪼을 탁啅

짚으로 엮은 둥지
알을 낳아 품기까지
품어서 아래 위를
굴리며 맞춘 자리
줄啐 탁탁啅
소리를 본다
껍질을 깨는 천하 모정

덩달아 이 자리에 가면

이른 봄 천답 묵밭
바람이 서는 뿌리
스스로 일군 햇살
흔들어 환한 풀눈
지심 밖
삼복 밤송이
체중을 딸 푸른 침발

이토 연자泥土 蓮子

하늘 강 모래 바다
해와 달 일여一如 발굽
오고 갈 동참 구름
길 따라 발품 향기
천지심
한자리 바람
흔들어 핀 이토연자泥土蓮子

바다마루 달
- 회중 지원 큰스님 법하

공치고 공을 차듯
삼상*을 버린 청산
상이란 집을 헐어
향기로 채울 풀밭
시원이
하나인 자리
여여부동如如不動 머릿돌

석양 진 나목 그늘
문수도량* 묻은 발목
속 텅텅 종각 법우
신발을 벗은 풍경
구름길
은반 모래 벌
선방 죽비 바다 달

*삼상 : 아상, 인상, 중생상
*문수도량 : 부산 남구 소재 사명

불이不易 청산
– 法山 큰스님 법하

法山은 석문 청산
불등을 밝힌 무릎
음칠월 불이不易 영축
실상 청정 연당 연화
홍장삼
자욱 깊이에
자장 홍매 탑전 목탁

무제無題

수제숭질壽蹄崇秩 노송 향기
서라벌 천년 황초
푸나무 강산 일품
은하 수다 나눈 눈썹
무풍교舞風橋
반석 바라밀
통도대로 빚는 풍경

낙엽

1
봄 여름 벗은 나무
햇살을 쥔 속눈썹
갈 길을 열어 주는
만리밖 매는 바다
먹구름
부린 천하심
번뇌백팔 메운 꿈밭

2
봄 여름 지는 뜰에
이래저래 접은 소리
먹구름 천둥 번개
부리며 이른 자리
하늘을
품은 세월이
갈아입은 단풍꽃

3

봄 여름 숙지일지
길짐을 벗은 자리
침묵을 흩어 놓고
햇살을 괴는 절절
먼저 와
기다린 바람
손을 잡네 미래로

4

봄 여름 찍은 꼭지
햇살을 비운 하늘
나고 갈 자리 근성
향정을 지핀 목심
청산 뜰
천만족 걸음
한잎 두잎 치는 음보

5
봄 여름 청산지기
손바람 천만햇살
오솔길 덩그렁 길
산 그늘 그대로를
흔들어
다시 채우는
흐르는 강 바다대로

6
봄 여름 원적 내내
눈 비에 태풍 자리
분화구 백두 한라
천지에 물을 받아
채우고
비운 폭포수
아침을 연 홍익혼발

7
봄 여름 立秋 立冬
해마다 인재 천재
화엄 총총 상생 종종
스스로 복원 현장
서로 손
천지 한 무릎
꽃으로 질 한고 대첩

8
봄 여름 만장 햇살
흔들어 세운 옛산
망구십 조석 독백
바람을 들고 앉아
두고 온
먼먼 꽃 향기
눈을 감고 듣는다

언덕을 바라보며

1

불러 줄 하늘과 땅 자리를 잡은 언덕
마음밭 갈고 또또 담장을 헐고 또또
섬으로 앉은 빈 무릎 삼모작을 꾸릴 석양

2

한 바퀴 천지 일원 꽃으로 빚을 웃음
해와 달 상생 걸음 흔들어 지핀 뿌리
서로 손 풀어서 기댈 은하 언덕 삼태별

3

쇠고삐 청산 골에 소치는 내가 될게
자네는 모래 언덕 별지기 달이 되게
눈구름 오고 갈 길을 비를 매는 청솔 바람

살이고考

남산골 천년 백학
바다밖 등불이듯
가시연 방석 향기
줄장미 가시 바람
망구십
때묻은 자욱
햇살을 괼 지팡이

입춘보

가슴에 끼고 사는
자욱에 세든 오늘
때로는 어금니를
꾹 물고 다닌 길을
청초롱
풀섶 바람이
입춘첩을 매는 언덕

한틀 물레

1
산수유 연중 길등
날씨를 잣는 물레
부푸는 붉은 눈썹
불씨를 싸는 홍매
붓끝을
다듬는 공방
입춘서첩 목련서장

2
정월배 노랑 부리
죽지를 벗어 나듯
산수유 동지 첫꽃
해맞이 청산 길등
꽃으로
진 자리 열음
불똥불씨 서리 하늘

심축 "금성에 관한 소문" 출판축

– 김선희 선생님께

선생은 달나라에
삿대잡이 사공 되는
은하수 모래벌에
별을 치는 공방 주인
천문이
길을 연 자리
조석상을 차릴 금성

자장매慈藏梅

소대한 한고寒苦 품에
걸음을 세운 햇살
백목련 필방 백서
붓끝을 매는 바람
자장매
십이월 일지
눈썹 불씨 지필 혼발

청복일세

강남발 아지랑이
먼 길을 돌아와서
햇살을 쬐고 앉아
다독이는 홍매 불씨
나고들
안녕 눈인사
이름지어 부를 청복

천리 밖 먼 바람을
다투어 부린 길짐
토시에 목수건이
무색한 양지 꽃둥
보리밭
종달새 울음
귀바퀴를 싸서 운다

꽃으로

– 심축 “삶이란” 출판축
민병욱 사백님께

삶이란 열어 반성
비우며 채울 걸음
흐를 물 흔들어 풀
화엄 상생 개벽 청산
꽃으로
이름할 이승
지는 꽃이 길입니다

대춘보待春報

나설 때 꽃을 보고
돌아와 벽달력을
어제가 절후 소한
아직은 먼먼 봄을
불매화
어쩌자는가
천만 갈래 길을 맨다

무제無題 1

소한 대한 절후 입춘
다다음 우수 경칩
실버들 바람 춤에
길을 트는 산내 여울
두툼한
방한복 차림
무릎 앉은 양지 노파

무제無題 2

이마창 긴창 모자
입까지 막은 일상
인정을 벗어버린
인사마저 잊은 이웃
얼굴이
없는 거리에
가슴 밖에 부는 바람

지는 꽃이 꽃인 뜰에

우수수 지는 꽃을
이름 해 삶의 바다
꽃길을 이어 웃을
뿌리로 일군 혼발
햇살을
나누는 향기
꽃걸음을 세울 하늘

목수건을 풀고 앉아

산여울 어름장에
바람이 새는 경칩
햇살이 길을 매는
박힌 돌 바닥 평암
탁목조
한 하늘살이
청산숲을 사서 운다

허수아비송

남루로 치장을 한
빈 들녘 길짐 아비
소매를 걷어붙인
곳간을 지킬 농심
새떼를
보낸 자리에
신들메를 벗은 십자

인생 대로

이마에 쌀박 주름
누구나 잔잔 주름
스스로 묵은 세월
검꽃이 피는 손등
바람길
구름바다를
샛별로 샐 인생 백파白派

처마밖 이십팔수

이 바람 저저 바람
낙엽으로 지는 걸음
이 거리 저저 거리
가고 들 구름 바다
입춘첩
동지 봄바람
처마밖에 새는 참별

지는 꽃

기다림 아쉬움이
내일 모레 길이 되듯
이 바람 저저 바람
자욱에 쌓는 걸음
꽃으로
불러 줄 이름
지는 꽃이 꽃입니다

싸리꽃

눈꼽만 붙은 꼴에
저 눈썹 저 몰골로
피고 질 구실할까
더구나 향기일까
음칠월
가을 댓바람
시절 음반 싸리꽃

민들레

동지 긴 자작 걸음
눈바람 부린 자리
맵고 쓴 눈먼 시선
크작은 거리 소음
늙은이
씨받이 걸음
입춘 신보 민들레

선들바람

산 들에 선들 이마
조석으로 부는 바람
선들매 칠월 산섶
풀씨가 익는 시절
뿌리가
길인 바랭이
마디마다 길을 맨다

달팽이

대공원 먹바위에
잠자리 집을 지고
뿔세워 길을 매는
절절 삶을 보았는가
안개로
늦은 햇살을
기다리는 달팽이

한 항렬

복염천 청둥지기
눈구름 대설 한파
제소리 속잎 바람
발품을 사는 풀밭
한 항렬
천분天分 민들레
엄니 같은 할미네

먹구름 먹먹 바람
한자리 상생 별족
때로는 천둥 번개
진용을 갖춘 조석
소나기
길인 골골물
돌을 닦는 물소리

설짐을 지는 석양

임인년 이월 일일
음력 설 정각 한시
벽달력 전면 한 장
보다가 더듬다가
선산을
떠나 산 객창
눈을 삶는 고향 바람

고삐를 놓은 마부
세월이 깊은 석양
저 건너 아파트창
여일곱 새는 불빛
나처럼
설짐을 놓고
코로나로 잃은 창

돌아 올 수 없는 강

오고 갈 구름 바람
가는 길이 길이 듯이
나보다 자네 오게
나누며 서로 웃어
쉴만한
여로 삼모작
바다대로 흐를 강물

길 미로美路

웃음을 서로 나눌
살아온 세월 그늘
빈 자리 수저 한 벌
머무는 풀처마 별
꽃밭인
화엄상생 숲
홍익이타弘益利他 미래로

빼꾸기

음정월 열여드레
코로나로 잃은 이웃
아지랑이 나목 눈매
길을 매는 한매 홍등
산막골
초가 밖 처마
죽지를 푼 빼꾸기

버들개지

홍청매 밝은 눈썹
입춘절 춘설 백서
소대한 매운 바람
곡정을 지핀 절향
살얼음
물길을 따는
별을 괴는 버들개지

종달새

고드럼 깊은 말뚝
은방울 길을 잡네
동삼동 산채처마
잠을 깨는 풀싹 속잎
봄갈이
남녘바람에
발바심 할 노고지리

하마 핀 냉이

우금이 하나 하늘
이웃을 버린 정오
친구야 손전화로
낮은 담 고향 안부
입 막고
냉이 꽃다지
봄을 찾아 집을 난다

알밤 소견

송이 밤 풋내 몰골
절절한 삼복 한철
소나기 천둥 번개
감내할 까시 발품
해와 달
지핀 저 걸음
깔밤일세 발품 일지

꽃이 피네

음정월 그믐깨쯤
입춘 발 춘매 홍둥
눈발에 미세먼지
버무린 잿빛 허공
우수절
코로나 밖에
진자리에 봄은 오네

단상 1

개다리 정월 소반
장독대 비손 풀어
칼바람 말뚝 보름
정화수 달이 익어
하마 핀
청매꽃 향기
귀를 세워 듣는다

단상 2

겁살이 하늘지기
해와 달 자욱 향기
소나기 천둥 번개
서로 손 상생 발굽
자고 깰
홍익살이 길
지는 꽃이 꽃인 언덕

단상 3

묵바람 빈 가지에
둥을 단 한고 청매
뿌리로 부린 짐을
햇살을 지핀 둥치
뻐꾸기
귓전 울음이
창문밖을 서성이네

단상 4

민들레 묵은 햇살
취해서 누운 바람
춘심을 지핀 홍매
흔들어 나는 대로
빈 자리
가난한 가슴
눈을 맞춘 하하하

바닷돌

– 극락왕생을 빌면서 탐석 그리고 완란玩蘭 동행기
고 도산 류준형 교수님께

빛살이 철썩이는
동해벌 일광바다
퍼질러 앉은 몽돌
구름 밖 월석 한 점
개벽돌
흑석 문양을
귀에 익은 화려석평

강돌

청산골 합수 영강
나잇살 먹은 생돌
오석에 산수 경석
개천을 누린 석질
흔들어
꿰찬 물소리
쌍봉 천공 호수석

산돌

토곡산 발치 마을
방앗간 끼고 들면
까치밥 먹감나무
오르고 내린 쉼터
속내를
모를 깜깜이
거친 피질 매화꽃돌

추신 : 병문시 혼잣말로

눈빛을 돌리시던
독백이 앞을 선다
청산골 상생 바람
흔들어 핀 풀꽃인데
어쩌노
좋다는 의술
기다리는 간곡 심정

소심완란기 1

부산발 첫차 완행
원동역 낙동강변
등산복 서서 나눈
김 서린 두부 한모
서리가
터진 돌호박
다람쥐가 바순 껍질

소심완란기 2

오솔길 돌감나무
천신상을 차린 언덕
아침을 괴고 앉은
하늘이 구운 홍옥
천태산
뿌리한 남향
사피건란 소심 춘란

서로 손 마주잡고

서로 손 마주잡고
건강건강 하시더니
속마음 문밖 자리
서둘러 찾은 음택
눈썹을
적수는 오늘
강건너 땅 왕왕생往旺生

무릎 낮은 소리

"일요일 아침 정신없이 난과 수석에 물을 주고 있는데, 당신 연인에게서 온 전화라며 빨리 받으라는 성화다" 짐작대로 역시 楊형이였다 –중략

부디 몸 건강하시고 수수편편마다 난처럼 고귀하고 아름다운 향기가 그윽하도록 빌며 이렇게 두서없이 망언들만 늘어 놓아 옥에 티라도 보태지나 않을까, 염려 하면서 이만 사족을 접는다.

임신년 정월대보름날에 기침하는 돌을 바라 보면서
유준형

화엄사에서

지리산 청산계단
절처마 하늘 풍경
대웅전 삼존부처
어간문 천년 웃음
봄 바람
향기 그늘에
목필 무언 목련 청적淸寂

빼꾸기 소쩍새가
세월을 쟁인 뜰에
각황전 천만 절품
연리지 자장 홍매
봄날을
치는 부처님
눈썹 미소 성불 만당

홍매 홍등

눈썹을 지른 홍등
마음을 거릅니다
언덕 발 아지랑이
지심을 치는 햇살
뒷발굽
죄는 바람에
눈꼽털이 절품향기

새벽 달

음이월 이십오일
기척도 없는 문밖
활줄을 풀고 앉은
몰랐네 언제 걸음
쪽박을
비우는 언덕
가슴에 달 이마 백서

길에서 만난 증산 바람

등받이 팔걸이에 증산공원 일자의자
가슴을 끌러 놓고 자리를 기다리는
그 얼굴 저 참참걸음 고향꽃이 피는 객창

길거리 사방길목 팔각정 그늘 일지
의자며 의식주며 노력이 밭인 인성
바람 낀 주름살 향기 귀를 세워 듣는다

고개를 받친 무릎 몇몇은 주저 앉아
바람이 무서워서 움직임도 없는 자리
나그네 걸음의 무게 짐을 안고 나도 웃네

길에서 만난 바람 세월을 부린 나무
더듬어 길을 이어 돌아갈 수 없는 강물
하늘을 나고 들 일월 노노 인생 박물관

개나리와 봄맞이꽃迎春花

개나리 봄맞이꽃
흡사한 노랑꽃색
꽃이 핀 자리 가지
한참후 밝아진 눈
먼지를
씻은 이슬비
지심 불변 바탕 향기

자장매송

바람이 오고 가는
통도사 불이不二뜰에
봄바람 분분하늘
먹가슴을 간지른다
노매화
절절한 웃음
길을 놓고 듣는 구름

인생 대로

고삐를 틀어잡고
마부로 이른 오늘
혼밥에 수저 한 벌
빈 자리 이는 바람
갈 길을
죄는 인생사
환과고독鰥寡孤獨 단신대로

따오기 방사할 날은

우포늪 가시 연대
수련꽃 마름쇠꽃
개구리 우는 연당
더운 날 물찬 제비
따오기
둥지 칠 강산
걸음 나눌 날을 빈다

물소리에 젖지 않는 향기

피고 질 무풍다리
춘화추 화엄 장장
지심을 밟아 나는
천심을 빚는 발품
자장등
밝힌 절처마
해빙기에 깨는 향기

언덕 향기

산목련 꽃을 그린
손부채 푸른 바람
세월이 묵은 오늘
시선을 괴고 앉아
비소리
천둥불소리
마음을 적신 언덕 향기

민들레꽃

이만한 가슴이면
노천 그늘 노노 웃음
흔드는 자리 얼굴
절색을 다툰 삼월
민들레
가난한 백두
늘 봄 한철 바람 음반

애완견

앉아만 있지 않고
날 보고 발을 든다
홀로 설 무릎 바람
세월을 듣는 소리
회관뜰
애완견 주인
웃음 서로 나누네

딸 셋이 만든 시조집

– 심축 "그리운 날의 행복" 발간
석우 김준 선생님께

딸 셋에 사위 부자
머릿돌 놓은 지금
인연이 만든 호칭
아버지 아버지네
가난도
늙음도 잊고
봄갈이에 환한 조석

모였다 흩어지고
갔다가 오는 구름
젖지 않는 푸른 향기
품으로 안고 앉아
먹었다
괜찮다 일심
옹서사이 무릎 향기

무인섬

섬이네 환과고독鰥寡孤獨
이중에 제일 큰 섬
무인도 무릎바람
귀울음을 괴는적적
올동백
절박한 화심
불을 붙인 일편 단심

어쩌라고

닻이나 돛을 푸는
소리도 없는 바다
하늘을 쳐다 보며
그리움을 안고 떤다
벚꽃을
소환해 놓고
어쩌라고 쓰는 시선

하마나올까

빠지는 하루 해를
대문밖 일자 의자
아버님 어머님이
하마나 차지 자리
동구앞
좌우 두 갈래
빗으로 진 나를 본다

빠지는 하루 해를
기다림이 죄가 되는
음삼월 꽃철맞이
대문앞 빈 발소리
마음짐
오늘 그림자
삼년을 낀 코로나

삼중섬

산마루 저 눈 바람
처마를 적십니다
그리며 기다리는
가난한 마음 삼월
코로나
입마개 일상
망구첩첩 삼중섬

오월 대자보

참나무 겨울 나목
딱따구리 치는 목탁
한발 늦은 돌밤나무
산섶처마 저 기지개
꽃반지
오월 대자보
먹감나무 하늘꽃

아리랑* 차운

아상을 비우라네
한자리 원융무애
시방이 극락일세
아리랑 인생대로
마하루
흐르는 장강
마천 불이不易 공공타작

하늘숲 불이 마천루

영겁을 누린 청산
영겁지기 동갑 바위
무풍고 청송 백파
흐르는 비단 빨래
은하강
청솔비 수행
달이 오는 길을 쓰네

중대보궁

오대산 중대 보궁
돌벽에 새긴 족상
발바닥 굳은살이
꺼지지 않는 법등
흐르는
반야 별자리
불이 마천 천하달

밤 하늘 길을 치는
절언덕 천년 솔비
천중달 월인 만파
흔들어 별을 심네
햇살이
깨는 산이마
장단 음반 종각 법우

금곡동 일우

가시를 뿔로 심어
둘레 산섶 두른 향기
금곡동 금강공원
초입에 아카시아
두고 온
언덕 땅찔레
꿩병아리 치는 둥지

가시를 온 몸으로
치장한 하늘 향기
그늘을 나눈 친구
빈 자리 일군 바람
낙동강
석양발굽에
오리떼가 펴는 금침

무릎을 세운 자리

숨소리 깊은 언덕
봄맞이 환한 눈썹
움인지 새싹인지
빗방울 맨땅 음반
입춘후
물건너 바람
손을 서로 흔드네

이방인 고

먼 산에 눈이 오고
텃밭엔 비가 오네
마른 풀 가지 바람
이름 모를 새가 우네
우산을
펴서 든 고향
얼굴이 선 이방인

구도자 먹바위송

세모래 은하 언덕
푸른 달 마하 마루
반월교 흐르는 물
비우기 반야 공공
천년솔
제자리 춤꾼
빗자루 수행 하늘

춤추는 청송 대로
연비꽃 금강 계단
시탑전 오체 투지
받들어 정례 삼배
구도자
개벽 동년생
영축 청산 먹바위

달

갈 길을 이어 흐를
정직한 물길처럼
하늘로 착한 별밭
별똥별도 별입니다
은하강
금모래 언덕
활줄을 맨 푸른 달

장미꽃 앞에 서서

체중을 따서 추듯
온 몸을 두른 침판
햇살을 우린 지심
혼발을 다진 단심
오고 갈
언덕 바람에
성채수호 오월 장미

월견초

뉘네집 계단 뜰에
어깨를 맞댄 화분
겨울에 맨땅 바람
가난을 죄더이다
월견초
쳐다볼 하늘
오월 하순 꽃바구니

오월꽃 향기 뜰에

오월꽃 향기 바람
무릎 앉아 듣습니다
자리한 장미꽃밭
월견초 소만 하늘
한고통
발품 청매실
천지심을 나눈 하순

일광산 몽돌 한 점

세월 밖 개천 개벽
서로 손 파도 바람
일광산 몽돌 한점
햇살을 품은 얼굴
천심을
누린 개벽돌
눈을 감고 듣습니다

소만小滿 망종芒種 무렵에

흰감자 자주감자
꽃눈이 밝은 씨눈
천수답 소만小滿 망종芒種
기우제 청개구리
늦심기
황소 울음에
귀를 매는 먹구름

몽돌을 한 점 들고

흐르는 길을 두고
걸음을 쟁일 바다
세월을 걸러 삭인
물소리에 젖은 석향
거품을
헹구는 백파
개벽 천질 일품 몽돌

새날을 빚은 새벽

이마를 짚는 달이
망구총총 집을 짓네
유리창 설주 처마
적적을 꿰는 독백
풀벌레
걸음한 은하
바람으로 깨는 대로

별

바람이 치불다가
돌아서는 돌내 물낯
걸음을 잡아 나는
흐르는 착한 물길
물거품
밤낮 백파도
빨아 헹군 바다 별

서로 웃는 이타자비

유리창 덧문밖에
월인만파 매는 활줄
넘어와 짚는 이마
눈 감고 그저 웃네
피고 진
망구 자욱에
흔들어 필 향기 바람

천신상을

감나무 나목 가지
하늘이 차린 제단
햇살을 품고 앉은
창호밖 처마 화독
땡감이
익은 까치밥
천작 불꽃 음복상

연자蓮子 씨앗송

빗물을 받아 흐를
잰 걸음 바다 물길
산여울 물소리에
젖지 않는 푸른 눈썹
어머니
속마음 같은
눈이 밝은 연자 향기

골목 안 유감

친구가 쇠고삐를 조석으로 흔든 자리
누구는 쇠말뚝을 빼들고 떠난 초집
서로 손 치대는 골목 길을 잃은 웃음 소리

골목에 치는 바람 벌어진 노소老少 걸음
땅뺏기 구슬받기 놀이터 야생 풀꽃
봉선화 십지꽃 향기 토담 그늘 텅빈 소리

빈 포대 거적대기 품앗이 나누는 날
꼬챙이 사금파리 호미도 가다 앉아
맨 땅에 문대고 쓰기 정오 쉴 참 날을 받네

한마당 한솥식구 사라진 마당 풍경
절절한 울음 소리 덩그렁 허공 환청
껍데기 안골목 바람 진을 치는 산새 울음

맨 몸으로

영시암* 은응나무 빼꾸기 꿈밭 길을
인시발 종각 법우 한하늘 범천 바다
탑돌이 합창한 도반 설악 골골 빛는 햇살

*영시암 : 설악산 백담사 말사로 설악산 봉정사로 가는 길목에 있는 사명

꽃처럼

꽃처럼 피고 지는 바다길 조석 걸음
꿈갈이 춘하추동 제자리 자욱 바람
골골물 이어서 품은 물소리에 먹먹 설악

심축 고희연축

– 정향 차정연 박사님께

승학산 약수 암자 번뇌 백팔 청송 도량
청매실 내린 뿌리 한고寒苦 청정 정향바람
대보살 자리한 발품 상단 황초 이은 목탁

속이 빈 연화연자 이토밖 자욱 향기
서로 손 누릴 곡정 늘 푸른 반야공공
종소리 나누는 길벗 청산 백암 여여 법등

문지방 문설주를 넘나드는 청솔 백파
시 수필 신춘문예 문자향을 부린 청학
불문협 이타 대비행 청정 화엄 상생 바다

고희상 차린 자녀 근본을 삼는 효심
일상을 벼리하듯 달과 별 빛은 천심
낙동강 불이 만파루 청송 청죽 죽비대로

번뇌도 꽃인 이승

번뇌도 꽃인 이승 망구십 웃음 층층
가지 눈 눈썹 햇살 토담벽 오동나무
서로 손 나누는 두레 새벽길을 뻐꾸기

불치기 소감

산너머 두메 산골 순이네 사는 마을
철따라 춘하추동 반 서울 화장 치뜰
산이마 골골물 받아 여름 샛강 불치기

창밖에

귀청을 흔들어 핀 귀밝은 풀밭 풀싹
꽃웃음 지는 꽃이 눈썹에 익은 소리
피고진 한자리 걸음 청둥번개 소낙비

한자리 웃음 그리고 눈물

빼꾸기 웃음 꽃이 비바람 눈물꽃이
눈썹을 세운 정오 죽지를 푸는 바람
진을 친 아지랑이가 질러와서 손을 꼽네

자화상

햇볕을 뒤적이며 거품을 거르는 강
헹구는 물방망이 물언덕 착한 걸음
바다에 묻은 발바닥 바닷살이 처세 처방

바람을 흔들어서

바람을 흔들어서 손 풀어 환한 웃음
접시꽃 코스모스 해바라기 칠월 금관
이웃을 잃은 코로나 지심 탁발 나든 꿀벌

혈서로 쓴 두견화

제 발목 잡고 운다 제피에 젖어 운다
은하강 만리밖을 달무리 안고 샌다
나그네 선소리 매김 촉혼 백서 참꽃 혈서

차운

달무리 젖은 죽지 두견화 단심 백서
뻐꾸기 울음밖에 법문하듯 꽃을 든다
청산숲 봄갈 여름철 화엄상생 장장경경

물길대로

산골물 길을 잡아 바다로 나는 걸음
거품을 뒤적이듯 흐르는 물길 백파
처마물 실꾸리 풀듯 명배틀이 들어선다

청산이마 지고 필 혼발

저 햇살 조석 걸음
나드는 청산이마
자리한 시종 일원
화엄이타 세운 대로大路
연꽃대
이토泥土 발품싹
발바닥에 이는 혼발

자책
– 미안해

미안해 이걸 어쩌
참으로 디디하다
두리반 조석상에
수시로 깨문 독백
과팔십
문밖을 나와
땅을 짚고 하늘 보네

새벽달

저만한 활대 눈썹
밤을 샌 쪽배 한척
시위를 푸는 사공
손 놓고 기릴 새날
별똥별
떠난 자리에
벗어 놓은 동표東票 한 짝

두견화

은하에 띄운 배를
활줄을 매는 초승
흐르는 윤슬 바다
문안차 나선 걸음
삿대를
두고 떠난 길
별똥지기 불여귀

망향심을 나눈 나그네

화기를 먹은 나무
벼락을 맞은 나무
길 잃은 햇살 등걸
생나무 모진 불질
한 하늘
천재와 인재
꽃으로 질 야생풀밭

지열이 깊은 염천
기침이 잦은 풀싹
나날이 나눌 웃음
눈물이 꽃인 뜰에
홍익얼
한자리 꽃대
강언덕을 세운 깃발

어디에

보릿고개 칠궁살이
갈마당 설거지 때
검부러기 모아놓고
불피워 태울 적에
티밥을
줍던 꼬맹이
지금 어디 궁금타

무위 하늘

나그네 구름끼리
오고 갈 길을 쥘 때
때로는 나날같이
시끄러운 날품 바람
늘 푸른
무위 빈 하늘
번갯불에 소나기

소나기

별들이 흐를 은하
잃을 길도 없는 허공
오고 갈 환한 대로
자리한 바람둥이
천지天池에
돌을 던지듯
속풀이로 천둥 번개

오늘이 몇일인고

오늘이 몇일인고
덧창밖 삼경 저 달
풀벌레 환청 울음
안고 와 부린 침상
감나무
달빛 음반을
두고 나온 망향인

신 아리랑 소견

아리랑 육자배기 눈썹을 흔든 신명
불국토 장안 골목 나를 버린 청산 소매
대장부 인생사 걸음 반야 실상 장부가

아리랑 시방극락 버리고 비울 아상我相
마하루 화엄등불 인성을 닦는 목탁
서라벌 춤추는 장삼 이타利他같이 우리 가락

아리랑 신라천년 신단수 감로 탁발
한 짝인 천둥 번개 맹 그 땅 맹 그 하늘
꽃으로 가고올 바다 아리我離 아리我利 홍익대로

반눈썹 끼고 앉아

오늘도 비빌 언덕
반눈썹 끼고 앉아
흔들어 피는 꽃춤
다지는 자리 독백
나그네
가고 올 구름
산이마에 지는 햇살

마애블

먹구름 천둥소리
자리한 풀꽃처럼
비에도 젖지 않는
경주 남산 월인 천년
서방길
꿈갈이 발품
발바닥에 피는 꽃

운주雲走 천무동天無動

안개나 먹구름이
바람으로 길을 맬 때
산과 들 풀과 나무
제자리 실상 바다
저 천둥
푸른 번갯길
은하 언덕 시선별

된 사람 爲人

엄지로 사람됨을
길을 매는 원향익청遠香益淸
남 먼저 손발 풀어
이웃정情 나눈 웃음
늘 하루
맑은 속 눈썹
발품으로 빚은 향기

청송青松 백파白波

달 그늘 헹굴 거송巨松
흔들어 추는 파도
구름길 바람길을
잡아주는 천년 자리
지남철
나침판으로
눈금이 환한 일주초석

청학을 치는 청송
덕성을 나눈 무릎
구름을 짝한 바람
청산 그늘 둥지 백서白書
먹바위
개산 구도자
가난을 쥘 대비 사월

바람도 짝이 있다

사방을 우린 천둥
짝을 찾는 번개대로
먹구름 소나기는
동행할 한짝 배필
맹 그 땅
맹 그 하늘에
맨손발급 바람언덕

건봉사 저 철조망

건봉사 일주문밖
철조망 진달래꽃
갈 길을 잃은 언덕
죽지를 접은 나비
합장한
눈물 백서를
은하 탁발 달맞이꽃

철조망에 앉은 나비

압록강 두만강을
눈썹 센 기러기가
임진강 저 철조망
푸르름 펼쳐 놓고
분계선
없는 세계도
피고 지는 자리꽃

홀쳐 맨 실타래를
실실이 풀어내듯
한짝인 천둥번개
먹구름이 길을 매는
산돌이
여우비 자락
마천 하늘 무지개

눈비에 젖지 않는 향기

직지천 선오후수先悟後修
하늘 짝 청매눈썹
산냇돌 물방망이
헹구는 소리 바다
눈비에
젖지 않는 꽃
황악 마천 천년달

누리며 서로 나눌 향기

애욕을 부릴만한
우수발 탁발 청산
흐르며 길을 매는
한지붕 숨탄 가솔
꽃으로
피고 질 자욱
바람꽃이 적신 향기

적지심 초발심

직지심 직지 바람
초발심 갈이 길에
마천루 불이 공공
탑돌을 놓는 걸음
무위 그
펼쳐진 하늘
활줄을 맨 청산달

죽비

직지심 직지 바다
빈 바루 선방 화두
기단석 돈돈頓頓 불이
저 법등 불이 천년
연화대
가부좌 무릎
밤을 새는 입승 죽비

일주문 불이 무풍교송舞風橋頌

자장매 자장 홍매
길둥을 매는 눈썹
바람길 구름길을
햇살 잰인 먹뻐꾸기
용마루
환한 천년달
별을 치는 무풍교

통도사 부도탑음

빈 바루 메운 자성自性
영축 월인 만파 발굽
은하벌 금은모래
흐르는 돈돈頓頓 장강
연화대
가부좌 무릎
밤을 새는 황죽비

단짝인 하늘과 땅

흐르는 물이 모여
한 몸으로 길을 맬 때
아랫물 윗물 서로
고개를 숙인 여기
바람도
짝이 있듯이
짝으로 선 천둥 번개

떼바람 떼구름이
하늘 땅 반려대로
서로 손 길을 잡는
아래위 상생 물길
발바닥
높이와 깊이
소리 소문 청산 유수

영축산 뻐꾸기

실버를 밝은 눈매
반월교 근처 발품
언말뚝 산뻐꾸기
햇살을 쬐는 소리
무풍교
흔들어 피는
줄줄이 꽃 저 깨달음

나와 당신

온다면 오는 거고
간다면 가는 거지
인생사 그저 그런
너만한 나를 본다
모두가
하나인 흐름
서로 손을 나와 너

석문 그늘 자장 향기

통도사 홍매 눈썹
빼꾸기 한 채 길등

오고 갈 구름길을
천둥 번개 만고 절품絶品

한 하늘 세운 주장자
석문 그늘 자장 향기

눈바람 융동融冬 품에
햇살을 쟁인 걸음

백목련 필방 백서
허공목필 매는 바람

우수절 환한 바람 눈
눈썹 불씨 지핀 혼발

영축산 그늘에 앉아

영축산 석장 그늘
자장매 뿌리 혼발
돌냇물 물방망이
헹구는 빨래 바다
무풍교
불이 마천루
적멸보궁 천년 향기

쇠고삐를

뿔을 인 저런 체구
일과로 삼는 반추反芻
우러를 하늘 안고
눈썹으로 감춘 호수
코드레
마주한 시선
고삐를 푼 청산 심우

심축 "엄마의 살강" 출판축

– 심애경 선생님께

아이를 업은 아낙
방앗고 저 머릿돌
디딜방아 대낀 보리
곱삶은 꽁보리밥
빈 부엌
가난한 살강
대바구니 적신 눈썹

들어는 보았는가

장래 쌀 입도 선매
들어들 보았는가
배냇소 배냇돼지
보릿고개 잿인 세월
소 팔아
집을 난 머슴
애비둥이 셋인 시절

시종일원 불이 금강계단

하늘과 그리고 땅
인과로 길을 맨다
빗방울 풀잎 음반
비로 웃을 풀밭 산통
색불공色不空
일원 마하루
화엄 공공 상생공공

차운

無說說 不二탑을
不聞聞 釋씨門中
出出家 길을 매는
영축 통도 천년 바다
위 아래
하나로 흐를
佛之宗家 자장 그늘

제집을 짓는 거미

1
아무런 마음 없이
쳐다본 그저 하늘
윗처마 아랫처마
용마루 뜰에 앉은
여보게
허공 바람길
몸소 짓는 지집 한 채

2
제몸에 실을 풀어
위 아래 매는 씨줄
장방형 저 그물방
주머니를 짜는 날줄
구름길
거울로 치장
그물코를 하늘 먹장

석문탑 초석 대로

서라벌 월인 천년
돌을 씻는 통도바다
불문문不聞聞 무설설無說說을
짝지어 앉은 일상
출출가出出家
석문탑 초석
죽비바람 선방꽃

제비

햇 제비 노랑 부리
덜 익은 죽지 바람
집을 난 처마 식구
빨랫줄 시선 무게
묵지붕
용마루 달이
흥부 이름 칠월 백자

억새게 핀 꽃

간월재 마룻길에
억새게 핀 꽃나루
봄 여름 가을 겨울
삭이며 쟁인 세월
봄바람
푸른 꿈 음반
죽지를 푼 하늘 웃음

만발한 석양 구름
흐르는 바람 언덕
쉴 참을 나눈 자리
날개로 저 춤 사위
무위춤
고추잠자리
자유분방 나그네

한 침대 짝인 밥상

세월을 다진 걸음 용마루 다진 초석
삼백년 한세월을 천신상을 차린 먹감
허리에 해묵은 상처 등으로 진 힌남노

긴 봄날 저 문을 좀 덧창까지 활짝 열게
답답한 엄니 마음 돌아온 저 뻐꾸기
이웃에 이만한 길벗 보릿고개 나눈 밥상

건들마 가을꽃이 복염천 안고 질 때
하늘이 세운 걸음 길을 꺾은 힌남노* 태풍
천수를 소비한 비명 잃어 버린 쉴 참 그늘

소금물 보리집단 면허기 빠진 땡감
나고들 고픈 나절 군침을 삼킨 시절
칠월궁 시선 일지를 군살을 뺀 망구 백서

*힌남노 : 2022년 9월 6일 태풍명

지리산 화엄사운

화엄사 천오백년 화엄석장 지리고찰
일주문 사천왕눈 보제루 불이 마하
범종각 운고각 하늘 먼 구름을 잣는 도량

대웅전 청산대로 죽비장장 실상바람
어간문 좌우삼칸 햇살을 잿인그늘
주련글 일곱자박이 이마 빗는 자자 향기

각황전 목조건물 나무불 삼존좌상
불보살 환한 석등 사자상 삼층 석탑
무설설 국보등 백서 자리 나눈 수다 보물

사자석 적멸보궁 이운 사리 삼층보탑
석연기 청산 효자 자장바다 이타 발싹
삼심합 연리지 홍매 홍익 하늘 뿌리 그늘

극락암 뜰에 서서

어떨까 혹 그대롤까
해마다 찾은 봄날
극락암 뜰에 앉은
위태한 먹감 허리
복염천
힌남노 안고
먹감 홍시 천신상

종각에 도량석에
소리를 먹인 조석
청하늘 별을 치듯
활줄을 죄는 시월
비워서
베푸는 대로
환희 연당 나목 오동

뻐꾸기 울음 동동

뻐꾸기 이 산 저 산
죽지 풀어 일군 대로大路
한 울음 청산 멧새
화장 춘심 날을 맨다
걸음을
세운 저 구름
별을 치는 달나라

산목탁 딱따구리
소쩍새 밤이 샌다
처서에 비가 오면
단지 알곡 준다하는
불먹은
나무 잿털이
하늘지기 눈 먼 농심

화엄상생 법공일품

산 목련 딱따구리
다듬는 목련 서실
오고 갈 길을 닦는
바람에 단짝 구름
한 바다
불이 공공색
연근 구공 법공일주*

*법공일주 : 연꽃대

애고 득락송

문자를 깔고 앉아
이름만 팔았는지
염치를 닦는 길에
먼 눈만 챙겼는지
봄 햇살
쟁인 청산에
꿈을 잃은 나목 바람

행복

난 자리 자란 자리
꽃으로 지는 뜰에
이만한 자욱 길에
청복을 나눌 향기
뻐꾸기
울음속 죽지
하늘을 쥔 오동 열매

석양 언덕 손차양

손 차양 석양 바람
날개 낀 풀밭 목비
목이 긴 쇠기러기
남과 북 임진나루
둥지를
찾아 가는 새
석양 언덕 나그네

조갈증 빨리 빨리

귀 밝은 착한 물길 벼 심을 다랭이논
칼 논뚝 층층 언덕 산섶 답 층층 물꼬
삿갓 밑 잃은 한 떼기 삽 굉이로 일군 농심

길거리 정자그늘 시집갈 날 받는 모춤
산돌이 소나기를 손을 꼽는 날이 잦아
메밀씨 자루를 찾아 한달 농사 천수답

친구야

친구야 1
빼꾸기 소쩍 울음 맨 땅에 앉혀 놓고
천수답 허기 안고 앞세운 배내 새끼
노식객 밥상 머리에 칭얼대며 삼킨 울대

친구야 2
질서를 누린 무릎 향기로 지는 발굽
나목에 걸린 달이 백서를 쓰는 오동
덩달아 언덕에 먹감 천신상을 차리네

친구야 3
하루 해 걸쳐 앉은 산이마 물든 햇살
흐르는 단풍 산색 코를 꿴 골골 바람
눈썹밖 맴 도는 고향 비운 자리 또래 환청

친구야 4

흙 담장 깊은 그늘 고누판 승부놀이
땅 뺏기 한 뼘 두 뼘 때로는 숨박꼭질
친구야 한 두살 차이 연이 걸린 나목가지

친구야 5

상고대霜高臺 서리 다락 문고리 풍지 바람
먼 햇발 시린 무릎 은발 줄줄 눈꽃 나목
친구야 자정 밖 하늘 벌거벗은 쟁반 청옥

친구야 6

흐르는 물을 씻는 돌다리 바위 의자
손발을 씻어 보낸 축복받는 가난 꽃대
풀피리 부리는 음반 길은 하나 친구야

청산처마 환한 눈썹

1
코뚜레 고삐 잡고 청산골 소를 찾네
진작에 풀어줄 걸 눈썹을 잃은 조석
짚단에 물축여 들고 갈 길을 매는 청산

2
코뚜레 앞을 세운 소치는 청산 목우
걸음할 불이 마천 풀밭만행 푸른 바다
구름길 넉넉한 가슴 빗장을 푼 자성 도량

누리고 나눌 하늘

바람길 구름길이
짝으로 걸음하듯
밤과 낮 해와 달이
뜨고 질 말뚝 궁합
에밀레
천년 종소리
무봉 천의 비천 장옷

쇠고삐 풀어 놓고

천마산 태백식솔
감천만 옥녀산섶
오륙도 육안 풍경
자리한 관음정사
해와 달
말뚝 무릎에
별을 치는 풍경소리

잎이 지네

가난을 죄는 조석 푸른 꿈 상생 걸음
꽃 지고 잎지는 날 아픈 웃음 행복 대로
풀꽃씨 불러 줄 자리 지는 꽃이 꽃일세

그늘을 매고

서라벌 백률 백우 별을 치는 월인 바다
쇠고삐 풀어 보낸 목우자 피리 소리
석가탑 기단 그늘에 탁발 구름 돌탑법등

문밖 길 홍매

가고 올 빤한 길에 피고진 자욱 꽃대
흰나비 호랑나비 일지를 쓰는 조석
눈썹을 벗은 처마밖 일상 자리 나눈 발품

무자 도반 무릎 화두

마하루 일주 목탁 백률 백우 천년 도량
빗방울 청죽 음반 탁발 풍경 선방 화두
석문중 무자 그늘에 불이 관음 쟁인 자비

바람과 구름

산과 산 골물머리 흐르는 강을 보네
내리고 오를 걸음 청하늘 환한 길을
바람이 구름을 안고 자연지기 꽃과 잎

백률사 청죽음

백률사 청죽하늘 불이 음계 만파식적
불법석 처마 목탁 별을 치는 탁발풍경
주장자 백우 법방석 불국 천년 이타 바다

오일장 유감

오일장 전철 종점 오고 갈 시장 입구
빈 바루 청산 걸음 바랑에 상단 부처
서로등 의지한 자리 한뿌리꽃 탁발 목탁

절처마 탁발 풍경

은하수로 씻은 별이 하늘 총총 푸른 음계
탁발한 자정 별을 바리때 담아 놓고
황죽비 보궁 그늘에 선오후수先悟後修 한 채 별

새벽 별

진흙벌 구품연꽃 불립문자 상단 향기
절처마 그믐 초생 비우며 거른 삼경
음반별 씻은 정화수 석문 탁발 무자화두

문고리 탁발 풍지

나무불 탁발정례 도량석 종각 사우四友
종과 북 운판 목어 백팔꽃 조석일상
한짝인 날숨과 들숨 삼계 상생 걸음 바다

질 꽃이 꽃이라던

질 꽃이 꽃이라던 하늘살이 꽃을 본다
자리별 그믐 초생 향기로 메운 자욱
별로 셀 조석상머리 꽃이 피네 그리움

연뿌리 구공 공방음

1
빈 연대 한 벌 문자 진흙벌 거른 백서
짐이 될 은하이슬 흔들어 비운 일지
연뿌리 공방 아홉중 도반 동거 일품 향기

2
빈 바람 마른 연대 칼뚝을 밟고 들어
삼복중 부채 연잎 햇살을 나눈 연당
진흙에 발목을 묻고 공방 궁궐 채운 향기

3
선바람 누운 바람 등짐을 지는 길에
향기에 취한 꿀벌 함께 한 호랑 나비
씨앗을 제자리 놓고 빈 집 토굴 화심 한 채

4
바람이 길이 되고 다리가 되는 구름
푸른 삼복 하늘 부채 풀어 나눈 음계 음반
마른 잎 마감한 연대 한 점 들고 눈을 감네

환청도 친구

귀 밝은 은하 물길 오고 갈 방석 구름
자욱에 박힌 말뚝 빼고 설 우수 경칩
뻐꾸기 두고 간 환청 무릎 앉아 손을 꼽네

업연

천지인 업연 하나 익어진 잡초 걸음
가난을 쟁인 마음 기다릴 해는 뜬다
구석에 피는 꽃 그늘 구름 다리 짓는 바람

바람이 가마채를

제삿날 칠첩반상 제상을 차리듯이
무릎을 마주대고 제기를 닦는 은하
바람이 짓는 사다리 가마체를 매운 칠석

서로 손을 품는 자연

빼닮은 짙은 황색 하양게 세월 꽃대
갈곳을 찾지 못한 이정표 접은 자리
보쌈할 한줌 바람을 기다리는 민들레

햇살을 품어 나눌 서로 손 상생 뜰에
뿌리한 화엄살이 바람과 짝한 구름
돌담벽 겨울갈이를 꽃으로 쓴 백서 일지

치열한 삶의 현장 엄지로 꼽는 자리
시멘트 각곡 계단 햇살을 쟁인 돌틈
겨울벽 풀꽃뿌리로 꽃바람을 안고 선다

오일장 유감

바람 길 흐를 구름
귀 밝은 시장 풍경
사발술 설주 파장
팔십대 고향 친구
아제 형
소환해 놓고
그리움을 쌓는 노천

음양은 하나

피는 꽃 지는 꽃이
청산을 아우르듯
달무리 햇물 일원
별을 치는 우주 깍지
바다를
품은 하늘이
한두 품안 자욱 향기

홍매 피네

대문 밖 매분 한체
위안을 삼는 길손
깨 볶듯 콩을 뽁듯
톡톡 틔며 타는 불씨
분매화
삼십년 지기
소설 추위 거리 홍매

일출일몰 관음대로

감천만 낙동대로
오륙도 바라보며
해로 와서 해로 지는
하늘 길 월인 바다
천마산
옥녀봉 발치
백률환화 관음정사

관음정사 운

1
안 천마 배 옥녀봉
관음정사 중창 보우
코뚜레 없는 소를
짚단을 축인 도량
감천만
서라벌 천년
백률 백우 환화 문수

2
오륙도 감천바다
옥녀봉 무릎 도량
절처마 덧창문밖
하늘 키 높낮이집
백률사
백우 환생을
관음정사 중창 주인

3
넘어선 까치고개
옥녀봉 품에 앉은
세계적 관광 감천
엄지로 문화마을
어깨를
나누는 골목
좌우 집집 용마루 별

4
갈 길을 잃은 골목
이웃해 누린 옥탑
벽을 낀 계단대로
우산도 반쯤 골목
국제적
문화 전시품
감천마을 주름꽃

동백꽃

거품을 빨고 씻는
햇살을 쟁인 강물
두꺼운 밤빛 바다
흔들어 헹굴 아침
눈 바람
적신 하늘꽃
불꽃으로 자욱 향기

오시게 장

오시게 2.7 장터
노포동 전철 종점
땀방울 탁발 무게
삼복중 노지 도량
서로 손
바람길 구름
짐을 푼다 장바구니

남창을 기대

한겨울 사를 동백
처마뜰 객창 도반
꽃으로 샐 은하음반
불길을 매는 걸음
땅에 핀
별나라 하늘
눈비 바람 자리 하늘

짚단에 물을 축이다

집을 난 소를 찾네
코뚜레 심은 무릎
석문중 청산 풀밭
자성을 풀어 놓고
한 걸음
두루한 발싹
흔드는 빈 소고삐

| 서평 |

비움의 미학과 존재론적 사유의 시

시인 · 문학평론가 **강민수**

양원식 시조 시인님을 뵐 때는 언제나 머리에 투영 되는 것은 선비의 이미지다.

선비는 조선 사회에서 학문을 닦는 사람을 예스럽게 이르는 말이다. 특히 유교적 이념을 적극 수용하여 사회에 적절히 구현함으로서 선행을 베푸는 인격체를 가리킨다. 오늘날에 선비는 관직과 재물에 대한 욕망을 거부하고 의리와 원칙을 소중히 여기는 학식과 예의가 있는 사람을 비유적으로 이르는 칭호이다.

선배님을 만나 문학을 이야기하고 세상 살아가는 이치와 겸손을 배운지 어언 30여년의 시간, 중용이 무엇인가를 가르쳐 주신 어른이시다. 월간문학 동인회장과 부산 불교문인협회 회장으로 계실 때 가까이서 모신 봐 있다. 단체의 장으로 계실 때의 업적은 후배들의 귀감이 되고 있기에 지금도 후배들이 선배시인님의 주위에 모여들고 있다.

시인님은 호불호를 구분 짓지 않는 품이 넓은 넉넉함을 가지고 계시고 시력40여년이면 "나 여기 있소" 하고 들머리에 나설 만도 한데 내품하지 않는 이유는 아마 한학자이시던 선친의 완고한 유교사상의 교육방침 때문이라고 짐작해 본다.

현직에 계실 때 제자들에게 정신적인 지주가 되어 주셨고 어려운 제자를 집으로 데려와 상당기간 유숙留宿케 한 일들은 지금도 세월을 거슬러 회자되고 있다.

시인님의 제자 사랑은 언필言筆로 다 할 수가 없다.

교직생활34년, 해동고등학교 교사, 교감, 그리고 교장으로 퇴임한지31년인데 아직도 귀밑머리에 서리가 내린 제자들이 찾아와 옛 스승의 시집 헌정이라는 자랑하고픈 일들이 현실화 되고 있다.

이번 29번째 시집: 효산 청정 여적 향기

30번째 시집: 만파루 처마에 머문 달빛

위 두 권의 시집이 제자들이 헌정하는 15번째 시집이다. 이 얼마나 소문낼 일인가

이 얼마나 향기 나는 일인가. 이러한 제자들이 또 어디에 있을 수 있을까?

많은 세월이 흘러도 사제지간 가슴에 뜨거운 피가 흐르고 있지 않은가 말이다. 아울러 헌정하는 제자들에게 일일이 호명하여 호號를 지어 시집 부록으로 등재한 사

랑도 있다.

또한 스승님은 문단에 뚜렷한 획을 그은 40여년의 시간 속에 30권의 시집을 상재했다는 사실에 고개 숙여 존경을 드림과 동시에 박수를 드린다.

이런 경천동지驚天動地 할 경우를 두고 " 그 스승에 그 제자"란 표현 말고 다른 말로 표현할 길이 없다.

선배님 시詩밭의 물길이 계속 샘솟아 제 40~50권의 시집이 계속 상재되기를 소망해 본다.

양원식 시조 시인이 지향하는 시론은 다음과 같다고 생각된다.

시인은 단시조를 시조의 으뜸으로 둔 동시에 파격을 받아드리지 못하는 분이다.

많은 시인과 평론가들이 단시조를 시조의 본령이라고 강조하는 것은 그만큼 단시조를 쓰는 일이 어렵다는 말과 다르지 않다. 시조가 넓이보다 깊이를 중시하는 압축미를 최고의 덕목으로 삼는 것도 이에 궤를 같이 하는 말이다.

특히 연시조에서 각각 단수가 완벽한 독립성을 갖추지 못한 채 다만 전체의 일부로 존재하게 되면 시조의 본래의 의미를 상실하게 된다. 또한 엇시조와 사설시조를 시조의 범위에서 엄격하게 제외하자는 이론이 꾸준하게 거론되는 것도 단시조의 본령을 지키고자 하는 엄중한 자기성찰이라는 생각된다.

복잡한 유기구조를 갖춘 사회는 개성이 뚜렷한 다단한 시대를 살아가는 현실에 자유시의 분방하고 산문에 가까운 장황함보다는 단정한 깊이를 갖춘 짧은 시가 각광받는 것이 현재의 추세라 할 수 있다. 이러한 경향은 시조가 갖추고 있는 단아한 정형미와도 상통하는 것이어서 시조를 쓰고 향유하는 독자의 폭이 확대되는 기류를 감지할 수 있다. 그러나 3장6구의 짧은 구성에 정형률을 지키며 완성도 높은 단시조를 쓴다는 것은 지극히 어려운 일이다. 단시조 일부에서는 일상의 가벼운 주제와 소재를 시조 음보에 엮어 짓게 하자는 생활시조 운동도 전개된 바 있지만 격조 높은 서정과 사상을 아우르는 단시조의 수준을 구사하기란 역시 지난하다는 반증이 되기도 한다.

양원식시인의 시는 특유의 감각과 이미지의 형상화를 통해서 그의 시조가 품어주는 보편적 인간세계와 존재실상에 공감하게 된다.

보편적 존재 실상은 사물을 객관적으로 관찰하고 묘사할 때 잘 드러난다. 시에 주제를 배제하거나 개인의 감정을 투입하지 않는 객관적 진술로 대상에 주관성을 걷어내고 객관성을 확보하는 방식인데, 시의 효과는 창작자의 감정이 시에 개입하지 않고 대상과 거리를 가질 때 커진다.

자비사상에 뿌리를 둔 양원식시인의 독창성을 담보하

는 시화의 과정과 방식은 산사의 기도소리가 원초적 창작의 산실이 아닌가 생각 된다.

양원식시인의 시는 깊은 인간적 감동의 울림을 지니고 있다. 그것은 간절한 인간애로 표현된 우리시대의 휴머니즘이다.

시인의 시는 첫째 시적 대상과의 거리를 설정하고 있는 거리의 미학으로 해석할 수 있을 뜻 싶다. 이때의 거리는 시적 대상 존재와의 거리, 사물과의 거리 혹은 내면세계와 외계와의 거리 그리고 자연이나 우주, 절대자의 거리로서 대자적對自的 파악에서 비롯되는 거리의 설정인 듯싶다.

둘째는 이 거리를 공간으로 한 대상과의 합일을 지향하는 그리움의 미학으로 제시될 듯싶다. 그것은 시인의 시에 있어서의 그리움이 대상 존재에 대한 부단한 결속성을 추구하며 낭만적 내적 동경으로 승화되고 있기 때문이다.

시인은 시조의 파격을 못 견뎌하시는 분으로 시는 너무나 단정하고 군더더기가 없다. 쉬운 것 같으면서도 읽고 난 후 한 순간이 지나야 파동으로 전해져 오는 시의 참 맛을 느낄 수 있다.

다음 몇 편의 시 속을 산책해보자

> 공들고 차는 아이 잡으러 좇는 아이// 정답게 모여 서서 제기를 받는 아이// 나비의 날개를 잡고 용서를 비는 아이//

—제1시집 「목발을 신은 아이」 전문

가방이 넷이구먼 돌쩌귀 불이 난다// 멍멍한 귀를 안고 유년幼年을 사려본다// 섬돌 밑 귀뚜리 소리 동전 몇 닢 집힌다//

—제1시집 「출근 길」 전문

굽은 길 굽은 대로 쉬어쉬어 쉬어 가고// 가다가 절벽이면 돌아돌아 돌아가고// 흐르는 물길을 잡아 하구河口 밖에 서는 신발//

—제13시집 「물길」 전문

골바람 서는 물길 빨래터 일번 길을// 바다로 가는 길에 하나 강 섬진강을// 하늘 채 저 맏며느리 벗은 장옷 물 방망이//

—제15시집 「연곡사 일번 빨래터」 전문

봉선화 십지十指 꽃밭 어머니 만석 가슴// 헐거운 은반지를 무명실로 찬찬 감아// 인생 짐 실린 무릎에 수지침을 꽂는다//

—제18시집 「어머니81」 전문

눈주름 손등 주름 세월을 괸 귀밑머리// 바람을 비운 갈대 가을을 이고 서듯// 성성한 머리 가락이 비녀 이길 힘을 잃어//

—제18시집 「어머니의 비녀」 전문

번뇌도 꽃이라네 오금을 박은 세월// 거울로 세울 길짐 눈

서리 나눈 청매// 늘 깨인 회초리 바람 천하 춤을 추는 무대//

—제19시집 「번뇌도 꽃이라네」 전문

길 서기 두렵다는 부담이 되는 봄날// 가만 가만 오라 손짓 귓속말이 잦은 아내// 솔가리 찬비 밖 풀꽃 만큼으로 쌓는 웃음//

—제23시집 「빈자리3」 전문

길에서 길을 이어 갈 수밖에 없는 인생// 허방도 길이라고 때때로 치는 헛발// 새는 날 지는 날 포개 기다리며 사는 외길//

—제24시집 「길을 가며」 전문

1. 인연을 괴는 운판 빈 가슴 음통 목어// 고삐 푼 원앙소리 은하 풍경 일심 절창// 종성을 매는 저 바람 만창 처마 빗는 별//
2. 가슴을 두드린다 비우며 벼린 음반// 사랑도 그만그만 버림도 이만 저만// 고삐 푼 종각 밖 사우四友 바람 길을 메기네//

—제28시집 「소리를 보는 도량 종각」 전문

음 이월 그믐께쯤 기척도 없는 문밖// 활줄을 풀고 앉은 몰랐네 새는 달을// 쪽박을 비우는 언덕 가슴에 달 무릎 백서//

—제29시집 「새벽 달」 전문

눈썹을 지른 홍등 언덕 밭 아지랑이// 속마음 바르듯이 지

심을 치는 햇살// 뒷발굽 죄는 바람에 눈곱털이 절품 향//

—제29시집 「홍매 홍등」 전문

돌 절벽 직립 행보 물소리 제 목소리// 한시선 파안대소 헹구는 자리 폭포// 물 비단 무량겁살이 수수백필 짜는 배틀//

—제30시집 「폭포」 전문

좌우 뿔 착한 호수 반추를 반복 일상// 상머슴 더부살이 빗장을 지는 얼굴// 코뚜레 벗어던지게 명상에 젖은 새터살이//

—제30시집 「소 앞에서」 전문

양원식 시인의 시는 무욕의 심성을 보여주는 시이다. "비운다는 뜻마저도 비워야지"는 무욕을 언어로 표현할 수 있는 최선의 방법이다. 그의 시는 시적 언어가 구도자의 언어와 다를 봐 없다고 생각된다. 즉물적인 현상을 뛰어 넘어 존재의 본질을 탐구한다는 점에서 시인과 구도자는 동질성을 가지고 있다고 볼 수 있다.

쉬운 언어로 시를 직조하지만 시들의 행간과 보이지 않는 이면을 살펴보면 광대무변한 세상의 언어와 이치가 존재하고 있다.

사소하고 허름한 것에서 큰 아름다움을 보는 것, 존재의 진리를 보는 것이 시인의 눈이다.

가슴으로 읽는 시: 번뇌도 꽃이라네

봄이 오는 길목, 모과에서 듣는 향기
향토 산책, 반딧불이 마실 간다
고향 별곡, 관등부
늘 고향으로 흐르는 강, 돌이 시방을 열어
설익은 가슴이 남아, 한풍에 익는 향기
무릎 낮은 소리, 하루의 눈썹
바람이 솔 씨를 받아, 수염이 석자
그리움이 흐르는 두만강, 햇살 머금은 들녘
어머니비녀, 하늘이 내린 첩지
번뇌도 꽃이라네, 세발 손수레
꿈꾸는 바다, 자갈치
바랑을 비운 백암 산조, 구릉 밖 바람결
대효강산, 쉼터 여백
석양의 향기, 빗소리에도 젖지 않는 향기
효산 청정 여적 향기, 만파루 처마에 머문 달빛

시인이 상재한 30여 시집 제목을 제재題材로 하여 가슴으로 읽는 "번뇌도 꽃이라네" 시 한 편을 지어 축하를 드립니다.

작호명단

27회 오성수 一如
설상귀 正覺
성원근 碧堂
이연택 法水

28회 김정식 憲溪
김동성 海月
최순용 峰萊
윤윤진 蘭州
최창석 河青
조만수 月谷
조성무 松田
윤용훈 月亭
유정근 春甲
지상용 凡中
공대천 月堂
마경철 夏林
오건웅 月滿
이휘원 陽南
이훈구 石香
장민종 鄕林
강현규 月峰
정해일 永浦
백남연 蓮堂
유동길 又喆
김흥렬 無源
양교상 月坪
김영귀 蒼田
정명수 溫溪
안승명 日滿
이영상 成浩
정진경 熊津
정희장 一海
한덕섭 喜哲

29회 권수암 月浦
양태호 一然
강신갑 松月
정진관 西谷
안정수 修林
이영제 峰頂
임영준 月垠
안종철 德林
이승건 蘭溪
김세현 月山
이태광 一根
김기식 水谷
박용수 松園
김주원 玉山
진효제 青峰

30회 이병수 海山
조현식 月川
김태환 春光
장금석 海津
31회 장택상 德松
양보상 成山
32회 이우갑 春堂
곽병렬 靑山
이해동 月軒
김진희 幻翁
33회 최경만 靑溪 淨印
박성구 法泉 德山
조용현 滿堂
김만석 石水
김용운 如海
김낙준 鄕石 (미국)
이길태 普友
임경남 松泉
신덕지 法山
이병천 松岩
이순동 如山
정국진 陽德
34회 김대동 香谷
이성철 性村
김기환 如耕
김채곤 海明
박흥관 蒼南
이정문 禮林
전병렬 香泉
주순효 大平
천필주 碩岩
허 광 春根
고정용 流川
정평출 東林
36회 도종구 月精
이원식 海岩
안정용 松溪
37회 이상윤 明山
손기호 白石
40회 홍성주 一中
정재강 石溪
도문렬 朝然
42회 강문석 華山
김일권 東溪
44회 김성배 木仁

연보

출생지	경북 예천군 용궁면 월오리 1119번지 출생
학력	동국대학교 국어국문학과 졸업
1999. 2.	부산해동고등학교 교장 역임
1978	부산 시조문학회 입회함
1981	가을호 시조문학 추천(가을비가)함
1982. 8.	월간문학 신인상 당선 시조부문(어느 들녘에 서서)
1984. 1 ~ 87.12	부산시조문학회 회장
1984. 3.16 ~ 6.15	민족시 낭독회 개최함(제1,2,3회)(새부산예식)
1984. 6.	성파시조 문학상 운영위원장
1984. 10.10	볍씨 8집 발간함
1984 10.26	제1회 성파시조문학상 시상함
1985. 3.	영남시조 백일장 운영위원장
1985. 5.26	제1회 영남시조 백일장 개최함
1985. 10.26	제2회 성파시조 문학상 시상함
1985. 11.25	볍씨 9집 발간함
1986. 5.11	제2회 영남시조 백일장 개최함
1986. 5.3 ~ 7.19	제1기 시조상설학교 개설함(맹인복지회관)
1986. 7.12 ~ 9.20	제4회 민족시 낭독회 개최함(새부산예식장)
1986. 9.6 ~ 11.15	제2기 시조상설학교 개설함(맹인복지회관)
1986. 10.25	제3회 성파시조 문학상 시상함
1986. 11.25	볍씨 10집 기념특집 발간함
1987. 1.15	청소년시조 강좌 개설함(맹인복지회관)
1987. 5.3	제3회 영남시조 백일장 개최함
1987. 5.23 ~ 7.18	제3기 시조 상설학교 개설함(맹인복지회관)
1987. 7.18	부산 시조문학회보 51호 발간함
1987. 11. 7	제4회 성파시조 문학상 시상함
1987. 11. 7	볍씨 11집 발간함

1988. 5. ~ 7.	제4기 시조상설학교 개설함(맹인복지회관)
1988. 2.	부산 불교신문 편집위원 역임함
1989. 1.10 ~ 1.19	동계 청소년문화예술 강좌 개최함(대각사)
1990. 6.2 ~ 6.30	근로청소년시조강좌 개설함. 근로청소년회관(복구)
1990. 12.	부산일보 신춘문예 심사위원(시조부문) 역임함
1994. 6.4 ~ 7.2	상설시조학교 개설(맹인복지회관)
1995. 1.10	부산 시조문학회 회장 및 성파시조 문학상 운영위원장(재)
1995. 4.15	부산 시조문학회보 57호 발간함
1995. 4.30	볍씨 제18집 발간함
1995. 4.30	제11회 전국시조 백일장 개최함
1995. 10.28	제12회 성파시조문학상 시상함
1996. 4.13	제7회 진달래 꽃맞이 행사함(서운암)
1996. 5.10	볍씨 제19집 발간함
1996. 5.12	제12회 전국 시조백일장 개최함
1996. 11. 2	제13회 성파시조 문학상 시상함
1997. 7.	사단법인 파라미타청소년연합캠프 임원 역임함(강원도 고성)
1998. 10.	부산 문화상 문학 부문 심사위원장 역임
2001. 11.	실상문학상 심사위원장 역임(제4회)
2002. 8.	일연재만고 편집 발간(엄친의 한문문집)
2002. 12. ~ 2005.	대한불교신문 논설위원 역임
2005. 1.	부산불교문인협회 회장 추대 한국시조시인협회 이사 역임, 부산문인협회 이사 역임, 부산동구예술인협회 부회장 역임, 부산시교사불자회 회장 역임, 예천신문 논설위원 역임, 부산동국교우회 회장 역임, 문향지 및 동구문예 창간주간 역임, 부산노인회30년사 발간 주간, (사)대한노인회 부산연합

회 발행(2002.6.14)

2006. 1. 부산불교문인협회 부회장 역임, 법연원 문화대학장 역임, 부산 동구 선거관리위원 역임, 부산 동여자중학교 운영위원 역임, 부산동국회 회장 역임, 부산시조문학회 주최 전국시조백일장 심사위원장 역임, 성파시조문학상(23회) 심사위원장 역임, 부산불교문인협회장(07.1) 역임, 부산문화상 수상자회 이사

2007. 1 ~ 현재 한국문인협회 회원, 국제펜클럽한국본부 회원, 부산시조시인협회 회원, 볍씨 및 문향동인, 부산 『맑고 향기롭게』 운영위원 및 전국문예백일장 심사위원장, 동구도서관 운영위원, 부산지방검찰청 소년사건처분자료조사위원, 문향지(현실과 이상) 회장, 부산불교문인협회 상임고문(07.1), 부산문인협회 시조분과 이사(07.1), 부산불교문인협회 고문(09.1), 부산청옥문학 원로 회원, 영호남문학 원로 회원, 부산문인협회 자문위원

수상 부산교육감상 수상(86.12.5), 문교부 장관상 수상(90.12.5), 제1회 부산문학상 수상(94.12.22), 성파시조문학상 수상(97.11.8), 사학연공상 수상(97. 9.26), 국민훈장 석류장(99.8.31), 제3회 설송문학상 본상 수상(01.10), 제5회 실상문학상 본상 수상(02.10), 제1회 보혜문학대상 수상(14.12.6), 부산광역시 문화상(문학부문) 수상(15.12.18), 2020년 부산시문화상 수상자회 이사, 2021-년 실상문학 편집주간

저서(시조시집) 『관등부』(정동출판사 86.10.30)
『봄이 오는 길목』(도서출판 해광 88.4.30)
『향토 산책』(뿌리 90.4.15)

『무릎 낮은 소리』(재판/도서출판 해광 92.3.15)
『고향 별곡』(도서출판 해광 94.5.15)
『모과에서 듣는 향기』(도서출판 해광 96.5.20)
『반딧불 마실간다』(도서출판 해광 98.5.20)
『늘 고향으로 흐르는 강』(해광/시조선집 99.1.30)
『설익은 가슴이 남아』(지평 00.10.15)
『돌이 시방을 열어』(다옴 02.9.30)
『수염이 석자』(도서출판 해광 04.5.30)
『등이 휜 가로수』(세리윤 05.12.15)
『바람이 솔씨를 받아』(법연 08.8.15)
『한풍에 익는향기』(법연 08.9.20)
『하루의 눈썹』(도서출판 해암 09.3.30)
『그리움이 흐르는 두만강』(초판/AD114 10.8.20)
『햇살 머금은 들녘』(도서출판 극동 11.2.20)
『어머니 비녀』(도서출판 극동 11.12.26)
『하늘이 내린 첩지』(도서출판 극동 12.2.17)
『그리움이 흐르는 두만강』(2쇄/도서출판 해암 13.8.15)
『번뇌도 꽃이라네』(도서출판 극동 14.7.21)
『세발 손수레』(도서출판 극동 15.04.20)
『꿈꾸는 바다』(도서출판 해암 16.03.15)
『구릉 밖 바람별』(도서출판 해암 16.04.20)
『바랑을 비운 백암산조』(도서출판 해암 17.06.19)
『자갈치』(도서출판 해암 18.10.10)
『대효강산』(도서출판 해암 18.10.15)
『쉼터여백』(도서출판 해암 21.03.10)
『설익은 향기』(도서출판 해암 21.11.27)
『빗소리에도 젖지않는 향기』(도서출판 해암 23.04.20)
『효산 청정 여적 향기』(도서출판 해암 24.02.15)

효산 청정 여적 향기

인쇄일 2024년 2월 7일
발행일 2024년 2월 15일

지은이 양원식
펴낸이 박철수
펴낸곳 도서출판 해암

등록번호 제325-2001-000007호
주소 부산광역시 중구 대청로 138번길 9
대원빌딩 302호
전화 051)254-2260
팩스 051)246-1895
메일 haeambook@daum.net

ISBN 978-89-6649-243-5 03810

값 15,000원